MOYENS

DE REMÉDIER AUX ABUS DE LA PRESSE,

SANS EN RESTREINDRE LA LIBERTÉ.

IMPRIMERIE DE Mme. V^e. PORTHMANN,

RUE SAINTE-ANNE, N°. 43.

MOYENS

DE REMÉDIER AUX ABUS

DE LA PRESSE,

SANS EN RESTREINDRE LA LIBERTÉ

Prix : 25 sous.

A PARIS;

Chez PONTHIEU, Libraire au Palais-Royal,
Galerie de Bois.

Mai 1826.

MOYENS

DE REMÉDIER AUX ABUS

DE LA PRESSE,

SANS EN RESTREINDRE LA LIBERTÉ.

A MESSIEURS

COMPOSANT

LA CHAMBRE DES DÉPUTÉS.

Le Soussigné demande très-respectueu-
sement à la Chambre des Députés, par les
motifs qui lui seront exposés ci-après, de vou-

loir bien supplier SA MAJESTÉ, de faire présenter aux Chambres un projet de loi tendant:

1°. A obliger les journalistes, sauf à leur
donner une indemnité, si elle est reconnue
juste, à réserver dans chacune de leurs feuilles
une colonne où ils seraient tenus d'insérer,
1°. les réclamations qui pourraient être faites
contre eux; 2°. des extraits d'autres journaux
propres à réfuter ce que ceux-là auraient pu
avancer de faux ou d'inexact; 3°. tels autres
articles qui pourraient contribuer à éclairer la
religion de leurs lecteurs.

2°. A créer pour l'exécution de l'article pré-
cédent, un office public, dont celui ou ceux
qui en seraient revêtus, seraient chargés, sous
la surveillance de l'autorité supérieure ou d'une
commission composée d'un membre de la
Chambre des Pairs, d'un membre de celle des
Députés, et d'un troisième haut fonctionnaire
désigné par le Gouvernement, 1°. de recevoir
les réclamations et réfutations qui pourraient
être faites contre les journalistes; 2°. d'en requérir l'insertion dans la colonne de leur journal, que chacun d'eux serait tenu de réserver
tous les jours pour cette fin ; 3°. d'y faire insérer, de plus, tous les autres articles que le
Gouvernement, comme gardien principal des

intérêts publics, jugerait à propos d'y faire mettre, lorsque ces intérêts lui paraîtraient lésés par ces mêmes journaux.

3°. A rendre la responsabilité établie par les lois actuelles contre les éditeurs de journaux, commune à leurs propriétaires et à leurs rédacteurs, dont le nom, la profession et la demeure devraient être en tête de chaque journal, au moins une fois chaque trimestre.

4°. A ce qu'aucun article ne soit inséré dans un journal, sans que le nom de son auteur ne soit mis à la suite.

5°. A augmenter, s'il était reconnu insuffisant, le nombre actuel des avocats-généraux, des procureurs du Roi et de leurs substituts, jusques à concurrence du nombre que pourrait nécessiter la poursuite de tous les délits quelconques de la presse, dont aucun, quelque léger qu'il fût, ne devrait être toléré, ni rester sans être déféré aux tribunaux par les gens du Roi.

* * *

Voici à présent les motifs et les considérations qui me font penser que ces mesures, en remédiant à un grand mal, produiraient, par cela même, beaucoup de bien.

On se plaint depuis long-temps de l'abus qu'on fait de la liberté de la presse, et en général les gens sensés conviennent que c'est avec raison ; c'est avec raison aussi qu'en général on repousse la censure et tout moyen de ce genre qui gênerait cette liberté si précieuse, et de laquelle, sans mélange d'aucun mal, sortiraient les plus grands biens, si, au lieu d'être décréditée et profanée par le mensonge, la déloyauté et le faux patriotisme, elle était constamment fidèle aux intérêts de la vérité, de la bonne foi et du pays.

Telle que cette liberté est aujourd'hui pratiquée par plusieurs écrivains, elle semble avoir pour principal objet, d'entretenir parmi nous des divisions qui, se propageant de jour en jour davantage, nous assurent, dans un avenir peut-être peu éloigné, des commotions toujours dangereuses, et peut-être aussi de nouvelles révolutions qui, on ne saurait se le dissimuler, ne cessent d'être désirées et provoquées par tous les ennemis extérieurs et intérieurs que peut avoir notre France, qui, toujours à leur égard bienveillante et confiante comme son Roi, semble être encore destinée à être leur dupe et leur victime.

Quelques réflexions, dont la vérité frappera

toutes les personnes de bonne foi, suffiront pour démontrer que l'usage actuel de la liberté de la presse conduit au résultat que nous venons de prédire ; et comment ne pas avoir de semblables craintes, lorsqu'on voit journellement des écrivains,

Altérer les faits qu'ils racontent ;

A la place de faits réels, en publier d'imaginaires ;

Interpréter méchamment les actions et les paroles de ceux, dont on ne partage pas les opinions, au lieu de combattre avec franchise ces opinions mêmes ;

Dénaturer les discours que les hommes revêtus d'un caractère public prononcent, soit dans les tribunes des Chambres, soit ailleurs, avec l'intention manifeste d'attirer sur eux la méfiance et le ridicule ;

Déconsidérer, aigrir et diviser les citoyens, au lieu de tâcher de les rapprocher et de les concilier ;

Se rendre les instrumens volontaires ou salariés des étrangers, en parlant toujours avec dédain de ce qui se fait chez nous, et avec emphase de ce qu'on fait chez eux ;

Servir aussi ceux qui, dominés par leur ambition ou leur orgueil, ou l'habitude de l'intrigue, ont pour système, de trouver mal tout le bien que l'on fait sans eux, de nous harceler et agiter sans cesse, et qui mettraient volontiers tout en combustion parmi nous, pour faire prévaloir leurs idées, ou pour arriver aux places qu'ils désirent pour eux, leurs patrons ou leurs créatures ;

Parler toujours au nom du peuple français, comme s'ils étaient ses seuls vrais interprètes, et annoncer comme l'opinion générale, leurs propres opinions feintes ou réelles, avec autant d'assurance, que s'ils avaient compté les suffrages de tous les individus qui composent la nation;

Chercher à éteindre ou à affaiblir les sentimens religieux dans l'esprit du peuple, chose d'autant plus cruelle, qu'on sait bien que c'est à la religion seule, que le peuple surtout doit le peu de bonheur qui lui est départi dans ce monde, et les nombreuses consolations dont il a besoin;

Enfin, et ceci s'applique aux choses comme aux personnes, louer et exalter souvent ce qui n'est que méprisable, et mépriser et avilir ce qui est digne de respect.

Voilà ce que, par un coupable abus de la liberté de la presse, peuvent faire et ne font

que trop souvent bien de nos écrivains politiques; et pour apprécier combien est immense
le mal, qu'à cet égard les seules feuilles quoti-
diennes ou périodiques sont susceptibles de
causer, il est indispensable de faire une sé-
rieuse attention, non-seulement au nombre
incalculable de leurs lecteurs habituels, mais
encore à la qualité et au rang de ces lecteurs,
et à leurs goûts et préférences pour tel ou tel
journal, suivant la classe à laquelle ils appartiennent.

D'abord, il est vrai de dire que si ceux
qui ne peuvent se passer de journaux, les lisaient tous, ou si du moins, après en avoir lu
un, ils en lisaient un autre de couleur opposée, ayant entendu en quelque sorte le pour et
le contre, ils seraient moins exposés à se laisser aller à des préventions et à des erreurs;
mais il est loin d'en être ainsi, dans les classes
surtout où, avec autant de bonne foi et peut-
être même davantage que dans d'autres, il y a
moins d'instruction.

Ces classes, ét malheureusement ce sont les
plus nombreuses, ne lisent qu'un journal dont
elles font leur directeur politique, et sur lequel
elles basent et leurs discours et leurs opinions.
Or, si elles trouvent dans les journaux qu'elles

lisent exclusivement des erreurs dangereuses, comment, peu instruites qu'elles sont, s'en garantiraient-elles, lorsqu'il est bien évident que le juge le plus éclairé, qui, dans un débat quelconque, n'aurait entendu qu'une partie, ne pourrait rendre un jugement qu'après avoir aussi entendu l'autre ?

Il est donc constant que, malgré leur bonne foi naturelle, les classes dont nous venons de parler, et qui, par le nombre des individus qui les composent, sont infiniment supérieures aux autres, sont les plus exposées à être abusées par les journaux.

Mais voyons de plus près ce qu'il en est à l'égard de ces classes, ainsi que des autres : les journaux sont aujourd'hui tellement répandus, qu'il n'est pas un coin de la France où ils ne parviennent. Quels sont ceux qu'on reçoit dans les *campagnes* et dans les *villages* ? En général, les propriétaires de premier et deuxième ordres, sont abonnés à ceux dits royalistes, et le reste de la population ne trouve à peu près, que ceux qu'on appelle libéraux dans les cafés et autres lieux publics qu'elle fréquente. Les uns et les autres ne lisent, que le journal qui est à leur disposition, et qui devient ainsi le régulateur de leurs opinions. S'il les trompe ou s'il se trompe, ce sont autant

d'erreurs qui entrent dans leur esprit A la vérité, la première partie des lecteurs dont nous
venons de parler, soit à raison de leurs rap-
ports fréquens avec les villes, soit parce qu'ils
ont plus de temps à eux, peuvent mieux s'é-
clairer par la lecture des feuilles opposées à
celles qu'ils reçoivent, et échapper ainsi à
l'inconvénient d'être induits en erreur par
celles-ci; mais à l'égard des autres lecteurs de
journaux dans les *villages* et dans les *campagnes*, ils n'ont aucun moyen de s'en garantir,
et s'ils lisent des erreurs, ce sont des erreurs
qui s'implantent dans leurs esprits, et qui tôt
ou tard, ne peuvent produire que de mauvais
fruits.

Ces inconvéniens, auxquels sont exposés les
habitans des campagnes, n'existent pas moins
dans les villes, quoique dans toutes il y ait
aujourd'hui des cabinets de lecture, des cer-
cles et des réunions particulières, où l'on reçoit les journaux de toutes les couleurs; et
malgré qu'on y ait ainsi pour s'éclairer, les fa-
cultés qu'on n'a pas dans les campagnes;
prouvons cette assertion.

Pour lire chaque jour tous les journaux, il
faut nécessairement avoir beaucoup de loisir,
de patience, de curiosité, et même quelque

intérêt particulier ; sans cela, qui aurait le courage de se condamner tous les jours à une pareille tâche ? autant vaudraient les travaux forcés. Par ces raisons, le nombre de ces lecteurs universels, est et ne peut jamais être, que très-faible dans les villes, sans en excepter Paris, quoiqu'il y ait beaucoup de gens embarrassés de leur temps. Cependant eux seuls pouvant voir les débats, les contradictions journalières et la guerre continuelle des journalistes entre eux, peuvent seuls aussi les bien apprécier, et être suffisamment en garde sur tout ce qu'ils disent.

Après ces intrépides et peu nombreux lecteurs de journaux, viennent ceux, et à mon avis ce sont les moins dupes, qui, ne leur sacrifiant qu'une petite partie de leur temps, dont ils savent faire un meilleur usage, et voulant néanmoins juger de tout ce qu'ils disent avec impartialité et en connaissance de cause, en liront deux ou trois de chaque couleur ; cela leur suffit pour reconnaître et repousser ce qu'ils disent de hasardé ou d'absurde, et retenir ce qui leur paraît bon, vrai et raisonnable, pour cependant ne l'admettre définitivement, qu'après due et parfaite vérification. Je croirais cette classe de lecteurs bien plus

nombreuse que la précédente, et il est à regretter, pour le repos de la France, qu'elle ne
forme pas la grande majorité des Français.

Une troisième catégorie, se compose de ceux
qui, pleins d'une confiance aveugle et presque
fanatique dans les journaux qui flattent le plus
leurs opinions, ne lisent absolument que ceux-
là, et sont tellement éloignés de lire les autres, que la proposition qu'on en ferait aux
uns, et même leur nom seul prononcé devant
les autres, suffirait, sinon pour les faire tomber en syncope, du moins pour échauffer beaucoup leur bile.

Tels sont d'un côté, du moins en partie, les
abonnés à *la Quotidienne*, à *l'Aristarque*, à *la
Gazette*, etc., et de l'autre, ceux au *Constitutionnel*, au *Courrier français*, etc....; tous
n'ont foi, que dans ceux qu'ils lisent, de sorte
que n'ayant ni ne voulant avoir d'autres gui-
dés, ils adoptent nécessairement leurs idées
et leurs passions; ce qui n'arriverait pas s'ils
prenaient en même temps connaissance des
journaux contraires, où ils trouveraient souvent la preuve de certaines faussetés auxquelles
ils ont cru, comme à articles de foi; et après
avoir reconnu plusieurs fois, l'abus que sciem-
ment leurs journaux favoris, font de leur can-

deur, ils se tiendraient alors à leur égard dans une prudente réserve; à moins qu'ils ne trouvassent du plaisir à continuer de se laisser mystifier par eux.

Quant à la quantité d'individus de cette catégorie, cela est à regretter, sans doute, mais il est vrai de dire qu'elle n'est pas peu considérable.

Mais qu'est ce nombre, réuni même aux autres classes déjà mentionnées, auprès de celui qui compose celle dont il nous reste à parler, et qui est tel, qu'on aurait, je crois, aussitôt fait de compter les étoiles du firmament, que les individus dont il se forme? et qu'est le danger résultant des fausses idées et des fausses directions que peuvent puiser dans les journaux les trois premières classes, auprès de celui que court, sans pouvoir l'éviter, celle dont nous allons nous occuper? Ce danger est aussi immense, que la quantité d'individus qui y sont exposés. Essayons de le prouver.

Et d'abord, concluons de tout ce qui a déjà été dit, que, dans les 3 classes susdites, le nombre des lecteurs de tels et tels journaux, égale à peu près celui des journaux opposés; que dans ces classes, se trouvent les gens d'église, d'épée, de robe, de lettres, les propriétaires, les négocians

négocians et manufacturiers de premier .
deuxième ordres, et les citoyens les plus instruits dans les autres professions ; que ces
classes étant plus éclairées, en sont plus capa-
bles d'apprécier et réduire à leur juste valeur
les journaux qu'elles lisent, et, par conséquent, moins soumises à leur influence; que,
du reste, si elles n'en sont pas tout-à-fait à l'a-
bri, ces influences, du moins, se trouvant à
peu près balancées par des influences contraires, il en résulte une sorte de contrepoids et
de compensation qui en affaiblit beaucoup le
danger.

Mais en est-il ainsi de cette classe dont nous
avons à parler, et qui est si supérieure en nombre à toutes les autres réunies, que la croire dix
fois plus nombreuse, n'est pas, ce me semble,
se rendre coupable d'exagération ; et en effet,
excepté ceux dont il a été déjà question, elle
se compose de tout le reste de la population,
dans laquelle tout ce qui sait lire, lit aujour-
d'hui les journaux; et quels journaux lit et
trouve à lire cette masse d'individus? ce sont
ceux qu'on lui offre dans les lieux qu'elle fréquente, et où, les occupations de la journée
finies, elle a l'habitude d'aller s'en délasser.

Ces journaux sont-ils d'une couleur et d'une

opinion différentes, de telle sorte que leurs lecteurs puissent être éclairés par une discussion en quelque sorte contradictoire? Non ; ils n'appartiennent qu'à une seule opinion, qu'à un seul parti.... Quels sont ces journaux qui règnent ainsi sur l'esprit de cette masse de Français? Il n'est pas besoin de les nommer pour reconnaître *le Constitutionnel, le Courrier français,* et autres du même bord; mais pardessus tous *le Constitu'ionnel,* qui plane tellement sur tous, que ceux-ci semblent n'en être que les modestes auxiliaires. *Le Constitutionnel,* que nous nommerons seul comme représentant tous ceux de son parti, est donc le journal à peu près exclusif de cette immense quantité d'individus que nous venons de désigner.

En effet, soit bonheur, soit adresse, soit modération sur le prix de ses abonnemens, soit tout autre moyen employé de la part de ceux qui le dirigent, ce journal, qui arrive partout où l'on reçoit ceux de couleur opposée, est à peu près exclusivement accueilli dans une infinité d'endroits d'où ceux-ci sont repoussés ; et si l'on en voit d'autres que lui, ou, pour mieux dire, à côté de lui, dans les hôtels, auberges, restaurans, cafés et autres lieux publics, autres que ceux des premier et deuxième ordres, et de plus dans les boutiques, les échoppes, les tavernes, les tabagies, et jusque dans les cabriolets de place, on peut bien dire : *Apparent rari nantes in gurgite vasto.*

C'est donc dans tous ces endroits que je viens d'énumérer, que les marchands, les artistes d'un ordre inférieur, les artisans, les ouvriers et les classes du peuple, où, avec autant de droiture et de bonnes intentions que dans toute autre, il y a le moins d'instruction, vont s'instruire tous les jours des affaires politiques, *Le Constitutionnel*, qui règne sans partage dans tous ces lieux, est leur seul oracle ; tout ce qu'il dit est admis comme bon et comme vrai; et sans avoir pris connaissance de ce que disent leurs adversaires, on les considère et on les condamne, en quelque sorte, comme les ennemis des libertés et intérêts publics, dont ils regardent *le Constitutionnel* comme le meilleur conservateur.

Certes, je dois avouer avec franchise que, malgré que je me croie aussi impartial que personne, et que j'aie été de tout temps aussi indépendant que qui que ce soit, et sans qu'aucun motif personnel à l'égard des journalistes, dont je n'ai jamais connu particulièrement un seul, influe sur moi, si j'avais à faire un choix entre eux, je pencherais plutôt pour ceux opposés au *Constitutionnel*, que pour *le Constitutionnel* lui-même, et mon seul motif en cela, serait que, d'après mon idée, leurs opinions en général sont plus favorables à la tranquillité et à la prospérité de là France, que celles professées par *le Constitutionnel.*

Mais cette sorte de sympathie qui me ferait préférer à ce dernier journal, ceux qui lui sont opposés, n'empêcherait pas que, si ces derniers exerçaient sur une aussi grande masse de lecteurs l'influence qu'a sur eux *le Constitutionnel*, je ne trouvasse très-utile toute mesure qui aurait pour effet de mettre à la connaissance de leurs lecteurs tout ce que pourrait dire contre eux *le Constitutionnel* lui-même et tous les autres journaux de son parti; car enfin, nul ne peut bien juger, s'il n'entend qu'une partie; et ne pas garantir le public autant qu'on le peut des erreurs et des préventions auxquelles il peut être exposé, c'est vouloir faire courir de mauvaises chances à la chose publique.

Ces chances, ou, pour mieux dire, ces dangers, doivent être d'autant moins dédaignés, que si, par exemple, *le Constitutionnel*, dont

les rédacteurs ont tant de savoir, d'esprit, d'ha-
bileté, et de tenacité dans leurs systèmes, et qui,
même dans l'art de la flatterie, qu'ils exercent
à l'égard de leurs lecteurs avec tant d'adresse,
sont assez savans pour en apprendre à ceux
qu'ils accusent souvent de flatter l'autorité ; si,
avec une clientelle de lecteurs aussi immense
que celle qu'il possède, et qu'il a avec tant de
succès, disposée à ne douter de rien de ce qui
sort de sa plume, le Constitutionnel, disons-
nous, avait, sur les questions et les actes qui
tiennent de plus près à la tranquillité publique,
des vues opposées à celles du Gouvernement,
que résulterait-il de l'impossibilité où, dans
l'état actuel des choses, se trouverait le Gouvernement lui-même, de se faire entendre
des neuf dixièmes de la population qui sait.
lire et qui ne lit que les feuilles de ce journal?
il en adviendrait que ce journal, quoique ne
se disant seulement que l'humble organe de
l'opinion publique, formerait, dirigerait à son
gré cette opinion publique, et pourrait, à l'aide
d'autres moyens subsidiaires, entraver d'abord,
et à la longue bouleverser les autorités, et toutes nos institutions, quelque bonnes qu'elles
puissent être d'ailleurs.

Et par qui, en définitive, serait réalisé un

bouleversement dont probablement le général
le plus expérimenté ne viendrait pas à bout
s'il voulait l'effectuer avec une armée de cent
mille soldats ? Eh bien ! il le serait par la plume
d'une quarantaine d'écrivains , dont la plupart
n'ont pas dans l'état l'importance politique
des plus médiocres propriétaires ou manufacturiers. A la vérité, ces écrivains ne sont en
général que les instrumens dont se servent des
personnes plus considérables cachées derrière
eux, sous la direction de qui ils écrivent, du
moins plusieurs, à tant la ligne, et qui, en
écrivant dans le sens et les opinions de leurs
patrons, écrivent souvent contre les leurs propres; semblables, en cela, à ces avocats qui,
presque malgré eux, se chargent d'une mau-
vaise cause, entraînés qu'ils sont par les solli-
tations et par l'argent de leurs cliens. Toujours est il vrai que ces écrivains, quoique
n'étant que les instrumens des propriétaires
de ces journaux, doivent être rangés parmi
les auteurs des désordres que leurs écrits auraient pu occasionner.

A ce sujet, il ne sera pas déplacé de faire
observer combien les propriétaires des journaux de l'opposition, c'est-à-dire une quarantaine d'individus, sont peu raisonnables et peu

libéraux, en faisant sans cesse déclamer dans leurs feuilles contre le gouvernement, parce qu'il a aussi des journaux sous son influence. Voudraient-ils donc, ces quarante individus, que le gouvernement se laissât attaquer, ridiculiser, et avilir sans se défendre ? Reconnaît-on la générosité française dans des gens qui voudraient que ceux qu'ils attaquent, se livrassent à eux baillonnés, et pieds et poings liés, pour pouvoir plus à leur aise les outrager et les meurtrir, sans avoir à en craindre la moindre résistance ?

Croient-ils donc, ces quarante individus, à qui, toutes les fois qu'ils parlent contre la vérité, on ferait bien de crier : à bas les quarante voix, si, en les réduisant au silence, ces mots produisaient ainsi l'effet qu'ils firent sur la minorité de l'assemblée constituante, à qui Mirabeau, jadis l s adressa ! Croient-ils donc, disons-nous, que la France, au nom de laquelle ils ne cessent de parler avec tant d'assurance, les regarde réellement comme ses mandataires, et qu'elle n'aie un gouvernement que pour être sans cesse vilipendé par eux, et pour leur servir de jouet et d'amusement ?

En vérité, on a peine à concevoir, que le bon sens de la nation, et son orgueil et sa di-

(2{)

gnité, blessés dans ceux légal*ment chargés
de la gouverner, ne provoquent pas des mesures qui rendent plus véridiques et plus circonspects, tant d'aigres censeurs, et d'achar-
nés détracteurs.

Qu'on attaque les dépositaires de l'autorité,
rien de plus juste, mais qu'on ne le fasse pas
toujours légèrement, ou pour satisfaire des
passions et des intérêts particuliers, et qu'a-
lors même qu'on a le plus raison, on n'oublie
ni dans le fond, ni dans la forme, les égards
que l'on doit à ceux que le Roi ou la nation
ont jugés dignes de leur confiance.

D'autre part, qu'on mette tous les Français
à même de se former et de dire leur opinion
sur les affaires publiques, et sur les personnes
comme sur les choses, rien de plus désirable
et de plus conforme à notre Gouvernement re-
présentatif ; mais qu'on mette à même aussi de
s'éclairer ceux qui jugent en aveugles ou avec
un esprit prévenu, en leur facilitant les moyens
de lire les journaux de l'un et de l'autre parti,
et de se soustraire ainsi à l'influence exclusive
d'un seul.

Au surplus, en revenant sur l'influence ac-
elle qu'exerce le *Constitutionnel* sur la par-
la plus nombreuse et la moins éclairée de

tous ceux qui lisent les journaux en France ;
cette influence est incalculable, et il y aurait
de quoi en être alarmé, si ceux qui dirigent
ce journal avaient au fond de mauvaises intentions ; pour moi, je suis tout rassuré à cet
égard, en considérant que, pouvant en faire
un usage bien plus grave ; ils se sont bornés,
jusques à aujourd'hui, à essayer d'en faire peur,
de temps à autre, au Gouvernement, en applau-
dissant et provoquant ainsi tantôt des rassem-
blemens, tantôt des nuées de pétitions ; toute-
fois, il suffit que cette influence, à laquelle, en
définitive, on n'aurait à opposer que la force
armée, qui d'ailleurs, pourrait elle-même la
subir, puisse être employée et dirigée contre
la tranquillité et les institutions publiques, les
compromettre et même les ruiner, pour qu'il
ne soit pas sage et même urgent de chercher
et adopter de suite des moyens justes et légaux,
à l'aide desquels on pourrait en neutraliser les
effets possibles.

De pareils moyens existent, et on peut même
y avoir recours, sans restreindre en rien la
liberté de la presse ; un des plus efficaces à
mon avis, serait celui indiqué dans le premier
article de ma pétition, et qui consiste à obliger
tous les journaux, à réserver une des huit colon-

nes qui composent chacun de leurs numéros,
pour y insérer ce que les particuliers et le Gouvernement auraient à opposer, à ce qu'ils auraient pu avancer, de contradictoire, d'inexact,
de faux, etc. Ainsi, ce serait une feuille consacrée
à la défense de ceux qu'ils auraient attaqué,
et à la réfutation de ce qu'ils auraient pu annoncer de contraire à la vérité. On dira que
d'après la loi actuelle, chacun a le droit d'exi-
ger d'un journaliste, d'insérer, dans son pro-
pre journal, le redressement de ce qu'il aurait
dit de faux ou d'inexact; mais cette faculté est
bornée, et très-incomplète, et excepté quelques hommes publics, qui y ont recours, personne n'y songe. En lui donnant le dévelop-
pement et l'extension que nous indiquons,
il est aisé de sentir qu'elle devrait rendre les
les écrivains circonspects et attentifs, à s'assurer, avant de les annoncer, de la réalité et
de l'exactitude des faits, et surtout à ne pas
se contrarier eux-mêmes ; car si, dans leurs
propres écrits, on trouvait la preuve de la faus-
seté de certaines de leurs assertions, leurs lecteurs les plus dévoués, se voyant ainsi pris
pour dupes, perdraient nécessairement la confiance qu'ils avaient en eux, et ceux chez qui
cette confiance est la plus robuste, seraient

ceux qui leur pardonneraient le moins d'en avoir abusé ; ainsi, le remède serait à côté du mal, et quelque aveuglé que l'on soit en faveur de tels ou tels journalistes, cet aveuglement ne saurait résister à l'évidence des preuves qu'on trouverait, s'il y avait lieu, contre eux dans leur journal même. Ainsi, les individus formant cette classe, qui ne lit qu'un journal, seraient instruits alors comme s'ils les lisaient tous, jugeraient ainsi de tout, avec leur sens, et leur conscience, ordinairement pleins de droiture, et non point avec celles de leurs journalistes favoris, qui, si elle vaut autant, certainement ne vaut pas mieux.

Dirait-on qu'une pareille mesure, nuirait au droit de propriété des journaux? Je croirais cette objection mal fondée ; car cette espèce de plaidoyer, offrant à leurs abonnés un attrait de plus, et même plus piquant que bien d'autres ; le nombre par cette raison, n'en devrait pas être diminué ; au surplus, s'il était reconnu que la disposition d'une de leurs huit colonnes journalières leur fait préjudice, on pourrait les indemniser.

Mais comment cette mesure pourrait-elle être mise en pratique ? Rien de plus simple pour cela, que de créer *ad hoc*, ainsi que le

porte le deuxième article de la pétition, un
office public, dont celui ou ceux qui en seraient pourvus, seraient chargés sous la surveillance de la commission supérieure désignée,
de recevoir toutes les réclamations et articles,
et d'en requérir l'insertion, le tout d'après un
mode qui serait arrêté.

Un moyen qui contribuerait beaucoup aussi
à diminuer les abus de la presse, est celui indiqué dans le troisième article, tendant à ajou-
ter à la responsabilité actuelle des éditeurs de
journaux, celle bien plus juste et plus morale
de leurs propriétaires, qui ne sauraient ici
vouloir se faire considérer comme les com-
manditaires d'une maison de commerce, à
moins qu'ils ne déclarent que leur entreprise
est purement industrielle, et n'a d'autre but,
que celui de faire valoir des capitaux, et de ga-
gner de l'argent ; mais dans ce cas même, l'autorité devrait y intervenir dans l'intérêt général,
ne serait-ce que pour s'assurer, que des étrangers, à l'aide de prête-noms bien payés, ne
sont pas en totalité ou en partie propriétaires
de ces entreprises ; ce qui devrait d'autant plus
être empêché, qu'ils ne sauraient les exploiter,
que dans l'intérêt de leur pays, si souvent op-
posé aux nôtres.

On dira sans doute , que les vrais propriétaires et vrais rédacteurs pourraient se cacher aussi derrière les prête-noms, et faire tomber sur eux cette responsabilité comme ils le font aujourd'hui à l'égard des éditeurs.

A cela je répondrai , que les lois actuelles, donnent aux tribunaux des moyens suffisans , pour parvenir à connaître à cet égard la vérité, et que si aux peines qu'elles portent tant contre ceux qui achètent des prête-noms, que contre ceux qui se vendent pour cela, on ajoutait des amendes un peu fortes , ceux qui voudraient s'y exposer ne seraient guère nombreux.

De plus , il serait aussi efficace que juste qu'aucun article ne pût être inséré dans un journal, sans que le nom de son auteur fût mis au bas ; que ce dernier en fût solidairement responsable avec l'éditeur et les propriétaires ; et que les noms de ceux-ci fussent annoncés en tête de chaque journal, une fois au moins par trimestre, afin que les parties qui pourraient en recevoir du dommage, eussent ainsi le moyen de connaître ceux à qui elles ont le droit d'en demander la réparation. D'ailleurs, ce que l'on connaîtrait d'eux servirait beaucoup à mettre le public en état de juger, si les

sentimens et les idées qui président à la ré-
daction de leurs feuilles, ont pour objet les
intérêts de tous , ou les intérêts d'un parti
ou d'une spéculation particulière ; et puisque
d'ailleurs on en compare quelquefois les rédacteurs à des marionnettes, il n'y aurait rien
à perdre pour le public à connaître ceux qui
les font jouer.

Enfin, un moyen qui compléterait tous les
autres, serait dans la résolution que devrait
prendre le Gouvernement, de déférer aux tribunaux et faire poursuivre sans en tolérer aucun, tous les délits de la presse graves ou lé-
gers, et il serait à désirer que les jugemens qui
en résulteraient, fussent insérés dans les journaux même qui y auraient donné lieu, et que
de plus ils fussent affichés.

Pour apprécier le bien que ces mesures produiraient, il suffit de considérer combien les
décisions des tribunaux sont respectées, et en
imposent à ce peuple surtout, devant qui elles
se rendent chaque jour, et combien l'opinion
de ce peuple, souvent égarée, gagnerait et ai-
merait à prendre ces décisions pour guides.

On objectera, peut-être , que les fonction-
naires chargés par les lois de ces poursuites,
seraient-ils bien plus nombreux, n'y suffiraient

pas ? — Mais pourquoi n'en augmenterait-on pas le nombre jusqu'à concurrence des besoins qu'on pourrait en avoir, et pour la durée seulement de ce besoin? — Du reste, cette guerre contre les délits de la presse ne saurait être longue, lorsqu'on serait convaincu de l'intention bien décidée de n'en laisser aucun impuni.

On dira peut-être encore que ces poursuites entraîneraient l'Etat dans des frais considérables. — Mais que sont un et même deux millions employés à maintenir la paix et la tranquillité en France, comparés à ceux que pourraient lui coûter des divisions et des guerres intestines? — Quel que fut l'argent dépensé pour un pareil but, quel est le Français qui pourrait le regretter ?

Telles sont, Messieurs, les idées et les considérations qui m'ont engagé à vous présenter la pétition qui est en tête du présent écrit. Elles m'ont été dictées par un patriotisme dont les seuls élémens sont : 1°. un attachement et une vénération sans bornes, pour cette famille, la plus noble de toutes, qui, par une série de soixante rois, a suffisamment prouvé la sympathie qui existe entre elle et nous, et particulièrement pour celui que, dans cet admirable cortége, nos yeux ont aujourd'hui le bonheur de voir, et ne voient jamais sans que nos cœurs en soient attendris ; 2°. un attachement sans bornes aussi pour notre France, et pour tous ceux, sans exception, qui portent ce beau nom de Français, lequel même, aux yeux des étrangers, est seul un titre et une preuve de noblesse.

Puissent ces vues, ou de meilleures auxquelles je serais le premier à applaudir, contribuer à porter bientôt remède à un mal d'autant plus dangereux, qu'en augmentant tous les jours l'aigreur, les méfiances et les divisions entre nous, il nous éloigne de cet état de bienveillance réciproque et de fraternelle union, qui est encore loin d'être rétabli dans notre pays, où malgré cela, et quoi qu'on en dise, il n'en règne pas moins aujourd'hui même, plus de sécurité, de vraie liberté, de vraies richesses, et par conséquent plus de vrai bonheur, qu'en aucune autre partie du monde.

Je supplie la Chambre des députés de faire examiner la présente pétition, et de la prendre en considération si elle l'en trouve digne.

Paris, le 16 *mai* 1814.

P. FABRE.